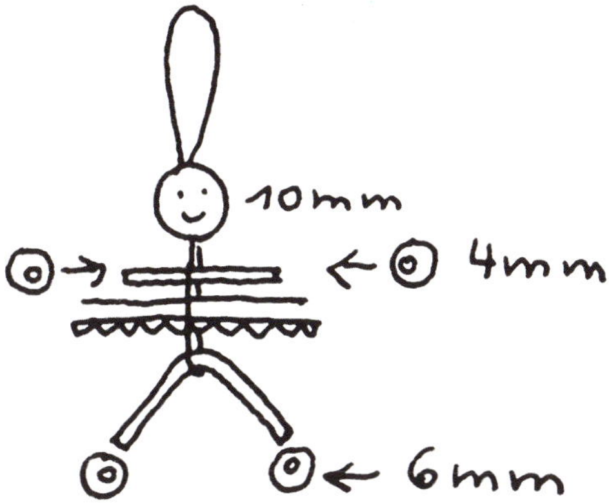

4. Alle Teile mit Nadel und Faden zusammenfügen. Die Beine werden zur Hälfte geknickt, der Faden doppelt genommen und am Beinknick befestigt. Rockteile aufziehen. Der Doppeltfaden wird um die Armmitte gezogen, der Kopf aufgefädelt und am Kopftuch wird der Faden fixiert. **Aufgepasst!!** Das Kopftuch muss vor dem Auffädeln auf den Kopf geklebt werden, wobei die Öffnungen unten (Hals) und oben sein müssen.

5. Gesicht malen. Je einfacher ein Gesicht gemalt ist, desto ausdrucksvoller kann es sein.

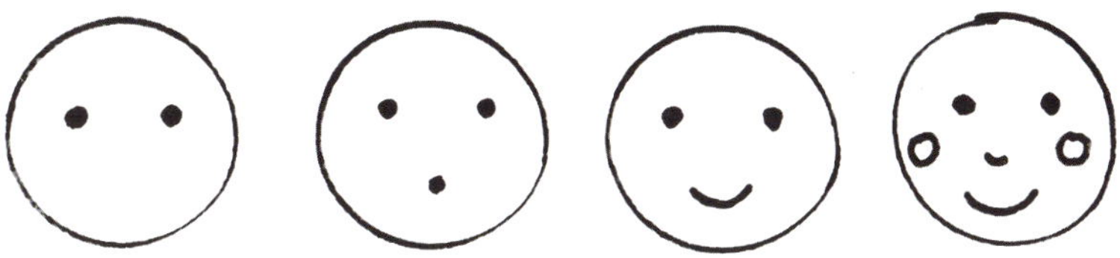

Tanzmädchen

Material: Biegeplüschdraht rot,
Filz weiß & rot,
Holzperlen natur in 4, 6 & 10mm,
Rotes Nähgarn,
Glitterfarbe rot

Grundtechnik siehe Tipps & Tricks

1. Aus rotem Filz mit Schablone C Überrock anfertigen.
2. Mit Schablone B aus rotem Filz Kopftuch ausschneiden und ankleben.
3. Mit Schablone A und Zickzackschere Unterrock aus Weißem Filz schneiden.
4. Wie folgt auffädeln: Beine, Unterrock, Überrock, Arme, Kopf.
5. Gesicht malen.
6. Mit Glitzerfarbe Herzen aufmalen.

Tanzliedchen

Singen, tanzen und basteln mag ich für mein Leben gern. Du auch? Dann verschenk doch einfach mal ein liebes Biegeplüschpüppchen mit einer Einladung zum Tanz oder einem eigenen Gedicht.
Du kannst auf ein schönes Blatt Papier die Einladung oder das Gedicht schreiben, eine Rolle daraus formen und mit einem passenden Püppchen versehen. Du wirst sehen, da gibt Dir niemand einen Korb.

Viel Spaß dabei wünscht Dir

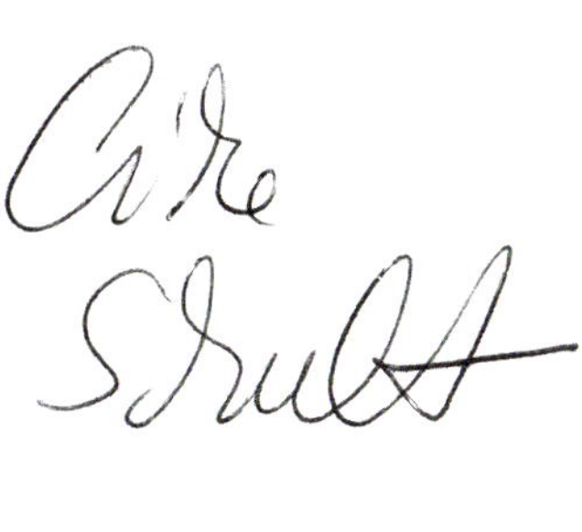

Vielseidig Verlag

Tipps und Tricks

Material:

Biegeplüschdraht, Filz, Holzperlen, Nähgarn

Größe:

Originalgröße der Figuren ca. 4-5 cm

Werkzeug:

Schere, Zickzackschere, Bastelkleber, Transparentpapier, Bleistift, Näh- und Stecknadeln, Holzmalstift oder Pinsel Nr. 2 und Farben für Holz

Grundtechnik:

1. Aus Biegeplüschdraht Arme 2cm und Beine 4cm schneiden.
2. Perlen mit ein wenig Kleber aufstecken.
   Arme- 2x4 mm
   Beine- 2x6 mm
3. Rockteil nach Anleitung der einzelnen Modelle vom Musterbogen kopieren, auf Filz übertragen und ausschneiden.

Hochzeitspaar

Material: Biegeplüschdraht weiß & schwarz,
Filz weiß & schwarz,
Holzperlen natur in 4,6 & 10mm,
Schwarzes und weißes Nähgarn,
Märchenwolle gelb, Minibeerenranke

Braut: Grundtechnik siehe Tipps & Tricks.

1. Aus weißem Filz mit Schablone A Überrock anfertigen.
2. Daraus auch Unterrock mit Zickzackschere schneiden.
3. Märchenwolle als Haare auf den Kopf kleben.
4. Aus Filz Rechteck 1,5 x 4cm schneiden.
5. Für Schleier eine lange Seite mit der Zickzackschere schneiden, dann entlang der glatt geschnittenen Seite Heftfaden nähen, zusammenziehen und fixieren . Fertigen Schleier an den Kopf kleben.
6. Wie folgt auffädeln: Beine, Unterrock, Überrock, Arme, Kopf.

Bräutigam: Grundtechnik siehe Tipps & Tricks

1. Frackteil aus schwarzem Filz mit Schablone G ausschneiden und entlang der Markierung G einschneiden.
2. Aus schwarzem Filz Rechteck 1x3 cm schneiden, zusammenrollen und auf eine schwarze Filzscheibe (Schablone H) kleben. Den fertigen Zylinder auf den Kopf kleben.
3. Eine Fliege aus weißem Filz mit Schablone I herstellen.
4. Wie folgt auffädeln: Beine, Frack, Arme, Kopf.
5. Gesicht malen.
6. Fliege unter den Kopf kleben.

Gretel & Hänsel

Gretel: Biegeplüschdraht gelb, Filz hellblau & hellgelb,
Holzperlen natur in 4,6 & 10mm,
Pompons hellblau & gelb in 7mm,
Nähgarn gelb, Märchenwolle gelb,

1. Aus hellblauem Filz mit Schablone A Überrock anfertigen.
2. Mit Schablone A und Zickzackschere Unterrock aus hellgelbem Filz schneiden.
3. Märchenwolle als Haare auf den Kopf kleben und wie Zöpfe zusammenbinden.
4. Als Hütchen Kreis mit Schablone H aus hellblauem Filz schneiden.
5. Wie folgt auffädeln: Beine, Unterrock, Überrock, Arme, Kopf, Hütchen, gelber Pompon.
6. Pompons nach Wunsch auf den Überrock nähen.
7. Gesicht malen.

Hänsel: Biegeplüschdraht blau, Filz hellblau,
Holzperlen natur in 4, 6 & 10 mm,
Pompons gelb 7mm, gelbes Nähgarn

Grundtechnik siehe Tipps & Tricks

1. Aus hellblauem Filz mit Schablone J und Zickzackschere Kragen ausschneiden.
2. Aus hellblauem Filz mit Schablone F Halbkreis ausschneiden, davon die Rundung mit Zickzackschere, zum Hütchen kleben und auf dem Kopf befestigen.
3. Wie folgt auffädeln: Beine, Gelber Pompon, Arme, Kragen, Kopf.
4. Gelben Pompon auf die Hutspitze nähen.
5. Gesicht malen.

Glückskind

Material: Biegeplüschdraht weiß, Filz weiß & rot,
Holzperlen natur in 4, 6 & 10mm,
Rotes Nähgarn,
Minibuchsgirlande,
Herz aus Holz

Grundtechnik siehe Tipps & Tricks

1. Aus rotem Filz mit Schablone A Überrock anfertigen. Kleine weiße Filzpunkte darauf kleben.
2. Mit Schablone B aus rotem Filz Kopftuch ausschneiden und auf den Kopf kleben.
3. Mit Schablone A und Zickzackschere Unterrock aus weißem Filz schneiden.
4. Wie folgt auffädeln: Beine, Unterrock, Überrock, Arme, Kopf.
5. Gesicht malen.

Elfen

Material: Biegeplüschdraht in Wunschfarbe, Filz, Holzperlen natur in 4, 6 & 10mm, künstliche Blätter & Blüten, Kunststaubgefäße

Grundtechnik siehe Tipps & Tricks

1. Aus Filz mit Schablone C Rock anfertigen.
2. Aus Filz mit Zickzackschere und Schablone J Kragen anfertigen.
3. Künstliche Blüte auf den Kopf kleben oder aus Filz mit Zickzackschere Kreis mit Schablone J ausschneiden zum Hütchen formen und auf den Kopf kleben.
4. Wie folgt auffädeln: Beine, Rock, Arme, Kragen, Kopf.
5. Bei Modell 2 Staubgefäße mit ein wenig Kleber in die Kopföffnung stecken.
6. Künstliche Blätter als Flügel hinten unter der Kragen kleben.
7. Gesicht malen.

Marienkäferchen

Material: Biegeplüschdraht schwarz,
Filz rot & schwarz,
Holzperlen natur in 4, 6 & 10mm,
Rotes Nähgarn

Grundtechnik siehe Tipps & Tricks

1. Aus rotem Filz mit Schablone A Überrock anfertigen. Kleine schwarze Filzpunkte darauf kleben.
2. Mit Schablone B aus schwarzem Filz Kopftuch ausschneiden und auf den Kopf kleben.
3. Mit Schablone A und Zickzackschere Unterrock aus schwarzem Filz schneiden.
4. Wie folgt auffädeln: Beine, Unterrock, Überrock, Arme, Kopf.
5. Gesicht malen.

Blütenkinder

Material: Biegeplüschdraht grün,
Filz grün und Wunschfarbe,
Holzperlen natur in 4, 6 & 10mm,
grünes Nähgarn

Grundtechniken siehe Tipps & Tricks

1. Aus Filz mit Schablone C Überrock anfertigen.
2. Mit Schablone B aus Filz Kopftuch ausschneiden und auf den Kopf kleben.
3. Mit Schablone A und Zickzackschere Unterrock aus grünen Filz schneiden.
4. Wie folgt auffädeln: Beine, Unterrock, Überrock, Arme, Kopf.
5. Gesicht malen.

Der Mann der alles kann

Material: Biegeplüschdraht schwarz & weiß, Filz schwarz,
Holzperlen natur in 4, 6 ,8 & 12mm,
Pompons grün, gelb & rot in 7mm,
Nähgarn

Grundtechnik siehe Tipps & Tricks

1. Aus schwarzem Filz Schablone J ausschneiden.
2. Aus schwarzem Filz Schablone F als Halbkreis ausschneiden, zum Hütchen kleben und auf Teil J kleben.
3. Schlapphut auf den Kopf kleben.
4. Wie folgt auffädeln: Beine, Arme, roter Pompon, Kopf.
5. 4mm Perle halbieren und eine Hälfte als Nase ins Gesicht kleben.
6. Gesicht malen.

Herbstmädchen

Material: Biegeplüschdraht grün, Filz gelb, braun & grün,
Holzperlen natur 4, 6 & 10mm,
braunes Nähgarn, farbige Märchenwolle,
künstliche Minieichenblätter

Grundtechnik siehe Tipps & Tricks

1. Rockteile aus gelbem, braunem und grünem Filz mit Zickzackschere und Schablone A anfertigen.
2. Märchenwolle als Haare auf den Kopf kleben und evtl. Eichenblatt als Hut.
3. Wie folgt auffädeln: Beine, gelber Rock, brauner Rock, grüner Rock, Arme, als Kragen künstliche Eichenblätter, Kopf.
4. 4 mm Holzperle halbieren und als Nase ins Gesicht kleben.
5. Gesicht malen.

Bienchen

Material: Biegeplüschdraht gelb & braun,
Filz gelb & braun,
Holzperlen natur in 4, 6 & 10mm,
braunes Nähgarn

Grundtechnik siehe Tipps & Tricks

1. Biegeplüschdraht gelb und braun zusammendrehen, Arme und Beine schneiden, Beine zur Hälfte knicken.
2. Perlen für Arme und Beine mit Kleber anstecken.
3. Aus gelben Filz mit Schablone A Überrock anfertigen.
4. Mit Schablone B aus braunem Filz Kopftuch ausschneiden und auf den Kopf kleben.
5. Mit Schablone A und Zickzackschere Unterrock aus braunem Filz schneiden.
6. Wie folgt auffädeln: Beine, Unterrock, Überrock, Arme, Kopf.
7. Gesicht malen.

Fingerhütchen

Material: Biegeplüschdraht hellblau,
Filz grün & hellblau,
6 Holzperlen hellblau 4mm,
Holzperlen natur 4 & 12 mm

1. Aus hellblauem Biegeplüsch 3 "Beine" a 4cm schneiden. Beine zur Hälfte knicken und an die Enden mit ein wenig Kleber Perlen 4mm hellblau stecken.
2. Aus hellblauem Filz mit Schablone D 4 Teile schneiden und 4 Hütchen kleben.
3. Ein Hütchen auf den Kopf kleben.
4. Aus grünem Filz mit Schablone F Halbkreis ausschneiden, die Rundung mit der Zickzackschere. Halbkreis zu einem Hütchen kleben und das hellblaue Hütchen auf den Kopf kleben.
5. Aus grünem Filz mit Schablone E Kragen ausschneiden.
6. Wie folgt auffädeln: 3x Beine mit Hütchen, Kragen, Kopf.
7. Holzperle 4mm natur halbieren und als Nase ins Gesicht kleben.
8. Gesicht malen.

Butzemännchen

Material: Biegeplüschdraht grün, Filz grün & rot,
3 Holzperlen natur 4mm,
2 Holzperlen braun 6mm, Holzperle natur 10mm,
Braunes Nähgarn, kleine Schelle, brauner Pompon 10mm,
kleiner Zweig, Märchenwolle braun

Grundtechnik siehe Tipps & Tricks

1. Aus grünem Filz und Zickzackschere mit Schablone J Kragen ausschneiden.
2. Aus rotem Filz Halbkreis mit Schablone F schneiden, zum Hütchen kleben und auf den Kopf setzen.
3. Wie folgt auffädeln: Beine, Arme, Kragen, Kopf.
4. Schelle an die Hutspitze nähen.
5. Perle 4mm halbieren und eine Hälfte als Nase ins Gesicht kleben.
6. Etwas Wolle unter die Nase kleben.
7. Augen aufmalen.
8. Braunen Pompon am Zweig mit Nadel und Faden befestigen.
9. Wanderstab an einer Hand festbinden.

Schneeflöckchen

Material: Biegeplüschdraht weiß, Filz weiß,
2 Holzperlen natur 4mm, 2 Silberperlen 6mm,
Holzperle natur 10mm,
dünne Silberkordel, weißes Nähgarn,
Pompons weiß/silber in 7mm

Grundtechnik siehe Tipps & Tricks

1. Aus weißem Filz und Zickzackschere mit Schablone A Unterrock herstellen.
2. Aus weißem Filz Überrock mit Schablone A schneiden.
3. Aus weißem Filz Halbkreis mit Schablone F schneiden. Rundung mit Zickzackschere. Ein Hütchen formen und auf den Kopf kleben.
4. Wie folgt auffädeln: Beine, Unterrock, Überrock, Arme, Kopf.
5. Gesicht malen.
6. Pompon an die Hutspitze nähen.
7. Pompons an den Rand des Überrockes nähen.

Englein

Material: Biegeplüschdraht weiß, Filz weiß,
Holzperlen natur 4, 6 & 10mm,
weißes Nähgarn,
2 weiße Federn,
Märchenwolle gelb,
dünner Messingdraht,
Miniglocke

Grundtechnik siehe Tipps & Tricks

1. Aus weißem Filz mit Schablone K Rock schneiden.
2. Daraus auch mit Schablone L Kragen schneiden.
3. Gelbe Märchenwolle als Haare auf den Kopf kleben.
4. Wie folgt auffädeln: Beine, Rock, Arme, Kragen, Kopf.
5. Gesicht malen.
6. Als Heiligenschein Messingdraht um einen Stift biegen, zusammendrehen und abschneiden.
7. Den Stiel des Heiligenscheins mit Kleber in die Kopföffnung stecken.
8. Die Federn als Flügel hinten unter den Kragen kleben.
9. Die Miniglocke mit Garn an einer Hand festbinden.

Vielseidig Verlag

Weitere Bücher von Eike Schult

Klein aber Oho
Total süße Minifriesenbäumchen für viele Anlässe passend.
ISBN 3-930529-63-7
Best.Nr.: 29637

Es wichtelt sehr
Märchenhafte Figürchen aus Filz und Biegeplüsch
ISBN 3-930529-56-4
Best.Nr. 29564

Wölkchen & Co
Püppchen aus Biegeplüsch und Filz
ISBN 3-930529-33-5
Best.Nr. 29335

Laubanger 19b 96052 Bamberg **Vielseidig Verlag** GmbH Tel. 0951/ 6 89 97 Fax. 0951/ 60 32 99